cbj ist der Kinder- und Jugendbuchverlag
in der Verlagsgruppe Random House

FSC
Mix
Produktgruppe aus vorbildlich bewirtschafteten Wäldern und Recyclingholz oder -fasern
www.fsc.org Zert.-Nr. SGS-COC-004980
© 1996 Forest Stewardship Council

Verlagsgruppe Random House FSC-DEU-0100
Das für dieses Buch verwendete FSC-zertfizierte Papier
LuxoSamt Offset liefert Schneidersöhne.

Gesetzt nach den Regeln der Rechtschreibreform

1. Auflage 2009

Umschlagbild und Innenillustrationen: Alexander Steffensmeier
Text und Redaktion: Martina Patzer
Umschlagkonzeption: Basic-Book-Design, Karl Müller-Bussdorf
MP · Herstellung: BB
Satz: dtp im Verlag, Jana Riedl
Reproduktion: Lorenz & Zeller, Inning a. A.
Druck und Bindung: Polygraf Print, spol. s.r.o.
ISBN 978-3-570-13433-7
Printed in the Slovak Republic

www.cbj-verlag.de

Alexander Steffensmeier

Weihnachtsmann, wie schaffst du das?

Das große Weihnachtswimmelbuch

cbj

24
10
15 5
3 11
13 6 20
1 16 14
21 18 9 22
8 12 7 23 2
19 4 17

Heute bastelt Max mit den anderen Kindern im Kindergarten seinen Wunschzettel für den Weihnachtsmann. Er hat einen ganz besonderen Wunsch.
Damit der Weihnachtsmann ihm den auch erfüllt, hat er nur diesen einen Wunsch aufgemalt. Und dann bindet Max noch eine besonders schöne Schleife um sein Wunschzettelbild, damit der Weihnachtsmann ihn auf gar keinen Fall übersieht.

Max weiß nicht genau, wie die Post zum Weihnachtsmann kommt. Aber dass er eine große Werkstatt hat, mit jeder Menge Helfern, da ist Max sich sicher. Dort werden die Wunschzettel angeschaut und dann die Aufgaben verteilt. Manche von den Helfern basteln, andere nähen und manche malen an. Und zum Geschenkeverpacken brauchen sie bestimmt ganz besonders viele Helfer.

Wenn dann alles fertig gebastelt und verpackt ist, macht der Weihnachtsmann sich auf die Reise. Mit seinem Schlitten, der bis oben hin bepackt ist mit Geschenken. Hoffentlich liegt das Geschenk von Max nicht ganz oben auf dem Berg, sonst fällt es am Ende noch runter.

Café

Max überlegt sich, dass es bei so vielen Geschenken eigentlich kein Wunder ist, wenn ab und zu eins verloren geht – oder vielleicht sogar gleich mehrere. Wer die dann wohl findet?

Der Weihnachtsmann braucht nach dem vielen Wunschzettellesen, Geschenkeverpacken und Ausfahren unterwegs sicher mal eine kleine Pause. Was er dann wohl macht?

Vielleicht muss der Weihnachtsmann manche Geschenke sogar noch in allerletzter Minute besorgen. Wenn jemand seinen Wunschzettel nicht rechtzeitig abgeschickt hat.

Max stellt sich vor, dass der Weihnachtsmann und seine Helfer, wenn endlich alles erledigt ist, ziemlich froh sind. Dann können sie auch anfangen, sich auf Weihnachten zu freuen.

Ob das alles wirklich so ist beim Weihnachtsmann, weiß Max nicht genau. Aber sicher ist, dass der Weihnachtsmann seinen Wunsch erfüllt hat und jetzt auch weiß, was Max mal werden will, wenn er groß ist.